Auto-realização

num enfoque espírita

FRANCISLENE MAGDA DA SILVA

MUNDO MAIOR
EDITORA
SEU FUTURO COMEÇA AQUI.

Pensamento, sintonia e evolução

O processo de auto-realização à luz da Doutrina dos Espíritos

Ditado pelo grupo que trabalha pelo esclarecimento das mentes sob o amparo da irmã Joanna de Ângelis

Auto-realização - num enfoque espírita

1ª. Edição – Março/2005 – Mundo Maior Editora

Diretoria Editorial: *Onofre Astinfero Baptista / Eurípedes Rodrigues dos Reis*
Editor: *Eurípedes Rodrigues dos Reis*
Assistente Editorial: *Renata de Carvalho Gomes*
Conselho Editorial: *João Demétrio Loricchio / Vanilson Aguiar / Carlos Coelho*
Criação de Capa: *Antonio Carlos Ventura*
Diagramação: *Renata de Carvalho Gomes*
Revisão: *Wal Baptista / Walter Scott Vicentini*

www.mundomaior.com.br
E-mail: feal@feal.com.br

Mundo Maior Editora
Fundação Espírita André Luiz
Rua Duarte de Azevedo, 728
02036-022 São Paulo / SP
(0__ 11) 6979 2157

Índice

Agradecimentos

Com profunda gratidão remeto-me a todos aqueles que de algum modo favoreceram a concretização destas mensagens libertadoras.

Inicialmente agradeço ao Pai Criador que nos fez dotados da capacidade da interação, um dos alicerces da evolução.

Aos queridos benfeitores espirituais pela paciência e firmeza com que me conduziram, principalmente nos momentos de incertezas.

À minha valiosa família, da qual recebi valores morais essenciais que com toda certeza embasam minha existência. Em especial à minha mãe, que há pouco retornou à pátria espiritual, com quem aprendi que as divergências não inviabilizam o vínculo, e sim nos despertam para aquilo que precisamos desenvolver.

Aos médiuns que ao longo da evolução da humanidade, com abnegação, desenvolveram-se, servindo-nos de exemplo e incentivo, em especial Divaldo Pereira Franco. Finalizando, aos amigos e amigas que receberam, leram e digitaram as mensagens psicografadas.

Que o Mestre Jesus continue a nos amparar.

Francislene Magda da Silva

Apresentação do grupo

O grupo que trabalha pelo esclarecimento de mentes sob o amparo da abnegada irmã Joanna de Ângelis é constituído por Espíritos que têm em comum a necessidade de se redimir perante a própria consciência, face a equívocos graves cometidos em existências pregressas e que contribuíram para escândalos bárbaros na história da Humanidade.

Tais equívocos foram cometidos devido ao apego acirrado ao egoísmo e ao orgulho, o que nos impedia de vislumbrar outras possibilidades de ação. A maioria de nós desencarnou em condições deploráveis, insanos, desestruturados, distantes do brilho da essência divina que está contida em cada um de nós, mas que na época estava sufocada pelos nossos desvarios.

Fomos amorosamente resgatados no plano maior quando nos fizemos acessíveis, por irmãos que nos têm muito afeto; o tempo de recuperação foi longo. Aos poucos fomos sendo inseridos em pequenas tarefas de auxílio aos necessitados, além de estudarmos os libertadores ensinamentos do Cristo.

Na medida em que íamos nos fortalecendo, as tarefas foram aumentando em número e grau, até que fomos convidados a integrar este grupo.

Cada um de nós vibrou à sua maneira, com a oportunidade de aprender para não cairmos nos mesmos enganos e ao mesmo tempo alertar nossos irmãos em Cristo para que estes se afinassem com o caminho da luz, era uma forma de repararmos em nós mesmos os equívocos do pretérito, através da caridade moral tão importante para o soerguimento daquele que se encontra envolvido nas malhas do próprio desequilíbrio.

E assim, unidos por este ideal e por esta necessidade evolutiva, permanecemos no estudo e no trabalho fraterno.

O grupo continua aumentando na medida em que irmãos encarnados e desencarnados identificam-se com a proposta, por sentirem necessidades semelhantes às nossas.

Abençoada oportunidade de amadurecer!

Amadurecer através da consciência ativa que se amplia na convivência com o próximo, é o que Jesus nos recomenda.

Rogamos ao Divino Mestre que continue a nos abençoar nesta empreitada.

E ressaltamos ser para nós bastante prazeroso o reencontro com esta irmã que psicografa as mensagens por nós elaboradas após cuidadoso estudo sob supervisão de Joanna de Ângelis. É um compromisso firmado na consciência.

Que Deus nos abençoe na trajetória evolutiva. Que as mensagens possam atingir as mentes que necessitam despertar e de novo sintonizar a proposta de amor e paz do Cristo Jesus.

Que a Paz do Mestre nos envolva agora e sempre.

O grupo

Introdução

É com grande prazer que damos início à realização desta obra literária, objetivando esclarecer as mentes de nossos queridos irmãos em Cristo.

A auto-realização é sinônimo de encontro do ser com sua essência crística.

Neste livro composto de mensagens de caráter evangélico-doutrinário temos a singela intenção de auxiliar nossos irmãos, nos mais variados estágios evolutivos, a refletirem e descobrirem sua essência divina, libertando-se para ascenderem rumo ao Pai de modo mais consciente, responsável e prazeroso.

Atualmente muitos conflitos eclodem nos mais variados âmbitos da expressão humana e isso se deve principalmente à cristalização de pensamentos atávicos, pensamentos egoístas e vingativos entre outros.

Através desta cristalização e destes desmandos preditos pelo Mestre Jesus, ocorre a sutilização da energia terrena. Na medida em que são mobilizados os sentimentos de compaixão, os desejos de paz e amor, nos corações dos irmãos que sintonizam com a proposta do novo milênio.

O mal existente ainda nas células espirituais dos seres pode propagar o mal em dimensões maiores, como pode também aflorar o bem existente em latência nas células espirituais destes mesmos seres.

Desta forma, estaremos sugerindo alternativas, caminhos, mudanças na forma de viver, sentir, pensar e agir, associando estas sugestões aos ensinamentos do Divino Mestre e à Doutrina dos Espíritos.

Sejamos então aqueles que vamos nos impregnar de amor, paz, compaixão e concórdia. Expandamos pelo mundo essa vibração positiva, saudável e assim o bem se sobreporá ao mal e o Reino de Deus será vivido desde já no íntimo de cada um de nós.

Que a paz de Jesus envolva-nos agora e sempre.

Irmãs Rosália e Maria Amélia, em nome do grupo que trabalha pelo esclarecimento das mentes, sob a condução firme e amorosa de Joanna de Ângelis.

Capítulo 1

A importância do pensamento

Pensamento, energia que se irradia pelo Universo, entrelaçando-se a outros pensamentos afins.

Afinidade pode ser definida como algo que aproxima os seres de energias semelhantes às suas, permitindo assim que as relações se estabeleçam.

O pensamento é o que nos mantém em contato com o semelhante, estando este perto ou longe de nós. É fundamental ressaltar que com o nosso pensamento nos aliamos inevitavelmente a outros pensamentos, as relações se estabelecem naturalmente, dado que somos seres espirituais dotados da possibilidade de relação.

Orai e vigiai, uma das principais recomendações do Divino Mestre e Amigo; vamos então conversar a respeito dela.

Vivemos um momento de transição na trajetória evolutiva do Planeta Terra, nossa casa-mãe, transitamos do mundo de expiação e provas para a condição de mundo de regeneração, e para que tal intento se concretize é preciso que façamos a escolha pela própria regeneração.

Temos ainda arraigados em nosso íntimo sentimentos inferiores, que nos levam a ter atitudes descontroladas e maléficas, porém já temos a consciência de que somos seres fadados à evolução e à felicidade e que, portanto, podemos superar a nós mesmos.

Para que esta auto-superação ocorra é necessário fazer a escolha pela mudança de nossa freqüência vibratória.

Mudar a faixa vibratória implica na mudança da forma de pensar, sentir e agir e, inexoravelmente, com esta mudança, alteram-se os nossos relacionamentos. Alguns deles se transformam e se mantêm mais autênticos e outros se perdem devido à falta de sintonia.

Quando os relacionamentos se perdem devido à falta de sintonia, é sinal de que as partes tomaram rumos diferentes, que não mais se coadunam.

Muitos relacionamentos se mantêm à base de acordos velados, se mantêm assim porque ambas as partes preferem ficar acomodadas em sua imaturidade em vez de buscar o próprio amadurecimento.

Na medida em que se faz a escolha pelo crescimento, pela melhora na qualidade de vida, por relacionamentos mais sadios, pela liberdade de escolha em vez do aprisionamento do próprio ser, alcançamos a condição de Espírito em regeneração e, assim, quem estiver disposto ao desprendimento dos atavismos se afinará com seres com igual intenção, do contrário a sintonia vibratória difere da proposta da nova era e o ser apresenta-se amargurado, frustrado, perdido, correndo o sério risco de adoecer mentalmente, confinando-se aos painéis angustiantes dos prisioneiros de si mesmos.

Faça a sua escolha!

Que o Mestre Jesus nos abençoe.

Do irmão em Cristo, José Luis.

Leitura complementar:

O Evangelho Segundo o Espiritismo

Capítulo VIII – Bem aventurados os puros de coração

Capítulo 2

A evolução do pensamento

Fomos criados à imagem e semelhança de Deus, com potencial a ser desenvolvido.

Desde os primórdios da Humanidade até os dias atuais, longo avanço foi conquistado no grau de evolução da inteligência e do pensamento.

Já conseguimos que a busca da instalação da fraternidade se faça presente na energia do planeta de forma consistente, ora na forma de intenção no plano das idéias, ora no plano da ação, concretizando os ensinamentos do Divino Mestre.

É sabido que a selvageria e as reações primitivas também se fazem presentes nas idéias e nas ações dos homens e que encontram ressonância em outras mentes, mas já existem mentes que se chocam frente à barbárie e tentam combatê-la buscando a concórdia, a paz, através de atitudes maduras e positivas.

O binômio bem e mal é inerente ao processo evolutivo, é pela consciência do erro que se busca o acerto, a melhora.

Vivemos um momento crucial da história universal, a evolução ocorrerá, isto é lei divina, a separação do joio e do trigo é a base para o cumprimento desta lei. Resta saber qual será a escolha feita por cada um de nós.

O nosso livre-arbítrio nos direcionará para a evolução ou para a estagnação.

Espíritos endurecidos nas atitudes odientas, vingativas, que, em vez de investirem sua energia em favor da evolução, optarem por ficar aprisionados em fatos passados, negando-se à revisão e ao reposicionamento, acarretarão para si uma sintonia de desequilíbrio consoante com o fluxo energético de destruição do velho para o surgimento do novo homem, esta "sobrecarga" facultará doenças mentais dos mais variados graus, pois o pensamento destes espíritos será desconexo do pensamento cósmico regenerador.

Doenças mentais das mais variadas ordens levarão ao avanço científico, pois revelações serão veiculadas entre os pesquisadores do comportamento, comprometidos com a dignidade e a saúde. Novas propostas de tratamento surgirão, embasadas nos ideais de amor e fraternidade. E assim por meio do mal se instala o bem.

Já àqueles que optarem pela regeneração, pelo movimento evolutivo, estarão reservadas inúmeras benesses, estarão junto aos afetos mais caros, favorecendo a expansão do amor no mundo, estarão ainda ligados a grupos que trabalham pela recuperação dos enfermos da alma. Estarão vinculados a uma sintonia sutilizada, recebendo fluxo energético que possibilitará a captação dos pensamentos do Grande Pensador Deus Criador, e, assim, naturalmente e de forma mais rápida, os seres conquistarão o amadurecimento (possível neste momento), pois terão se desprendido de atavismos seculares.

Que Deus nos abençoe, que nos tornemos os verdadeiros obreiros do Senhor!

Dos irmãos José Francisco e Maria Fernanda

Leitura Complementar:

O Evangelho Segundo o Espiritismo

Capítulo VIII – Bem aventurados os puros de coração

Capítulo 3

Pensamento e sintonia

Como já está claro, a sintonia cósmica passa por profundas alterações, é como se tumores malignos estivessem sendo extirpados a fim de preservar a vida. No caso, esses tumores seriam o egoísmo, o ódio, a vingança, e a vida seria a evolução.

É preciso que os seres se conscientizem de que trazem dentro de si o bem e o mal, assim poderão efetuar o auto-burilamento. Mascarar os próprios defeitos significa estagnar.

É preciso pensar como verdadeiro filho de Deus, criado para ser feliz, fazendo outros felizes. Merecedores que somos das oportunidades que o Pai nos dá, agarremonos a elas como se fossem as portas abertas que nos levarão à plena realização.

Precisamos pensar positivo, acreditando que a felicidade começa neste mundo, e que somos merecedores dela, na medida em que lutamos para conquistá-la.

Não há recompensa sem mérito, não há ganho sem trabalho. Tudo aquilo de bom que nos chega, é fruto do nosso próprio esforço, sinal de que já conseguimos avançar na escala evolutiva.

Precisamos então nos apropriar dos dons que Deus nos deu, fazendo-os multiplicar, precisamos investir no aprimoramento do nosso potencial intelectual pela leitura e a troca de conhecimentos. Precisamos expandir a nossa afetividade, estabelecendo relações autênticas e maduras, desvencilhando-nos dos conchavos mentais.

Pensamento e sentimento se entrelaçam, dando base para a caminhada evolutiva do ser. E só haverá sintonia consonante com a vibração cósmica da regeneração, se o pensar e o sentir estiverem funcionando de forma positiva e sincronizada, as desconexões nesta parceria podem levar ao desequilíbrio, porque as ações tornam-se incoerentes.

Sejamos então confiantes, alegres, pois nossa realização está a caminho.

Pensemos positivo, somos vitoriosos e merecedores de nossa vitória.

E assim sintonizaremos a mensagem de amor e paz emanada pelos seres iluminados que comandam esta profunda transformação da Humanidade.

Busquemos o equilíbrio agora e sempre.

Rumemos à felicidade. Que assim seja.

Do vosso irmão em Cristo, Adriano de França.

Leitura Complementar:

O Evangelho Segundo o Espiritismo

Capítulo VIII – Bem aventurados os puros de coração

Capítulo 4

Sintonia e relacionamentos

Este capítulo aborda a forma como os relacionamentos se estabelecem, se mantêm, se transformam e se rompem.

Para que qualquer relacionamento se estabeleça é necessário que haja sintonia entre os envolvidos. No caso, sintonia significa ligação firmada em algo comum. Esta base pode se dar de variadas formas: pensamentos semelhantes, emoções comuns, experiências com variáveis parecidas, as mesmas intenções, bem como vínculos estabelecidos num passado próximo ou remoto.

Uma variável bastante comum e que pode aprisionar seres que optam por manter-se estagnados é o medo calcado numa imagem negativa de si mesmo.

Muitas pessoas não acreditam no próprio potencial criativo, na capacidade de criar coisas boas e, por conseqüência, não acreditam que são dignas de serem amadas pelo próximo.

Energeticamente estas pessoas assemelham-se a uma flor murcha, desvitalizada, podada na sua característica essencial que é florescer. Ou seja, deixa de cumprir sua função no orbe terrestre.

Estes seres inseguros naturalmente sintonizam com outros seres que se encontram nas mesmas condições e estabelecem vínculos de dependência, onde um usa a fragilidade do outro para sentir-se importante, mantendo-se vinculado, criando a sensação de falsa felicidade. Isso quando não se dizem cumpridores de carmas que suportam com bravura.

O carma a ser superado é em relação a nós mesmos, necessitamos mudar nossa forma de conviver conosco mesmos e com os semelhantes. Conviver de forma saudável não é o mesmo que aceitar passivamente o outro e no momento seguinte atacar, justificando o próprio desequilíbrio através do desequilíbrio do parceiro em questão.

Convivência saudável é sinônimo de pautar a própria existência na busca da verdade interior, oferecendo-a ao semelhante e é assim, indo ao encontro da nossa própria essência que nos transformamos e contribuímos para a transformação energética do planeta.

Estes relacionamentos viscosos, imaturos, doentios, estão fadados ao fracasso, com conseqüências nefastas, gerando sofrimento, doenças, acentuando o prejuízo na auto-imagem.

Dentro em breve não mais haverá em nosso planeta espaço para este tipo de vínculo, e aí haverá choro e ranger de dentes. Os parceiros que insistirem em perpetuar o medo, fatalmente, adoecerão, necessitando de largo tempo para a recuperação moral, emocional e perispiritual. Seu aparelho perispiritual tem a estrutura deformada, retraída em alguns pontos e excessivamente expandida em outros pontos, tendo uma aparência estranha que lembra algo defeituoso, monstruoso.

Como forma de recuperação será a eles proposto o encarceramento em corpos deformados como seus perispíritos, a fim de que vivam de fato a dependência e que percebam o quão importante é usar os próprios recursos a fim de amadurecer, ser livre, libertando o semelhante.

Sintonias inferiores, que levam os seres ao cárcere da própria dor, serão banidas do planeta automaticamente, por desconexão íntima com os propósitos divinos para os seres de luz que somos.

Avancemos em busca de nossa verdade, e isso só pode ser feito por cada um de nós.

Avante!

Paz profunda.

Da irmã Rosália

Leitura Complementar:

O Evangelho Segundo o Espiritismo

Capítulo VIII – Bem aventurados os puros de coração

Capítulo 5

Sintonia e obsessão espiritual

Os irmãos que optam pela estagnação por não confiarem no próprio potencial criador acabam agregando ao seu redor energias que contribuem para o agravamento de sua situação.

O número de irmãos desencarnados presos nos próprios dramas e sentimentos é bastante grande. Intitulam-se vítimas do outro ou então do destino, quando na realidade são vítimas de si mesmos.

O ser é dotado da capacidade de criar, se relacionar e mudar. A mudança é inerente à vida e é a base do crescimento do ser.

Muitos seres canalizam a própria energia para destruir o outro, gerando, assim, autodestruição porque se direciona de forma contrária ao fluxo energético do crescimento e do amor.

De novo se faz presente a lei de sintonia, os semelhantes se atraem e aí tramas malévolas vão sendo tecidas nos dois planos: a falange do mal cresce em número e intensifica o grau de gravidade das ações, desta forma o mal de um coloca fim no mal do outro.

A energia de destruição, no momento atual do planeta, é intensa. Existem vidas sendo ceifadas pelos sentimentos de inferioridade de seres doentes, que têm a flexibilidade entorpecida, e nesta sintonia obsessiva, que visa a manutenção do status quo, estes seres destroem-se uns aos outros.

Existem resgates que ocorrem de forma violenta aos olhos da Terra, mas que se dão de forma profundamente acolhedora no plano espiritual. Os espíritos aí envolvidos dispõem-se a exemplificar as conseqüências do mal; já estão bastante amadurecidos e são mártires da renovação e diferem dos espíritos citados anteriormente.

Aqueles estão desvairados pelo próprio conflito emocional e assim, descontrolados, atacam a si mesmos e aos outros, não importando quem sejam, destroem-se mutuamente, cumprindo os preceitos contidos na lei de destruição.

O Planeta passa por uma grande reforma, onde o velho e o improdutivo serão banidos, dando espaço para a expansão da criatividade, do amadurecimento e do amor. E paulatinamente as obsessões espirituais cessarão, pois não haverá sintonia para o seu estabelecimento.

Vamos então à varredura higienizadora, rumo a um mundo melhor.

Força e determinação é o que precisamos.

Com afeto sincero.

Irmã Maria Amélia

Leitura complementar:

O Evangelho Segundo o Espiritismo

Capítulo VIII – Bem-aventurados os puros de coração

Capítulo 6

A importância do autoconhecimento

O autoconhecimento funciona como uma bússola que pode nos conduzir com segurança rumo à plenitude espiritual.

Ao sermos conhecedores de nossas tendências positivas e negativas, temos nas mãos o grande tesouro que nos dará a base para a edificação de nosso equilíbrio.

As tendências positivas devem ser canalizadas de forma a favorecer o nosso próprio crescimento e automaticamente favorecerão o crescimento do próximo.

Já no caso das tendências negativas, que ressumam de longa data, estas são o grande desafio cármico, pois ao nos esforçarmos pelo seu burilamento, poderemos nos desprender de débitos contraídos junto aos semelhantes e junto a nós mesmos.

Mais uma vez lembramos, tudo é uma questão de escolha. Podemos construir ou destruir, o bom uso das ferramentas depende da escolha pessoal.

Seres equivocados a respeito da vida e de si mesmos distorcem o verdadeiro sentido da evolução.

Acreditam que suas tendências podem, ou melhor, devem ser canalizadas para superar o semelhante, como se o palco da vida fosse uma arena onde os duelos se manifestam de forma degradante.

Os seres que optam por andar na contra-mão da evolução angariam, ao longo da existência, desafetos, débitos, porém o mais grave é o que estes seres fazem com as próprias energias.

Muitas doenças que se manifestam no corpo físico não dizem respeito a carmas a serem resgatados, mas na verdade acabam aflorando, devido ao uso indevido do manancial energético do ser que se encontra enfermo.

Desagregam-se células, altera-se o metabolismo, acumulam-se energias deletérias, e a luz divina inerente aos seres se descaracteriza, tornando-se disforme, disrítmica, com colorações assustadoras, e este desequilíbrio, impregnado nas células do enfermo, acaba por paralisá-lo perante a evolução, transformando-o em "um estranho no ninho", que auto-rejeitando-se, exclui-se do eixo da própria vida.

Este tipo de adoecimento espiritual leva o ser a segregar-se do mundo, mesmo estando no mundo, e a recuperação implica em aprisionamento momentâneo das forças criadoras, como forma de evitar novos transtornos. Na medida em que o ser começa a demonstrar vontade de burilar-se, a misericórdia divina, paulatinamente lhe dá oportunidades para desvincular-se do complexo de energias deletérias que ele agregou em torno de si mesmo.

Então pensemos bem e façamos a opção pelo autoconhecimento e pela autotransformação, permanecendo assim no próprio eixo consonante à proposta divina para nós.

Com afeto.

Irmã Emerenciana

Leitura complementar:

O Evangelho Segundo o Espiritismo

Capítulo VIII – Bem-aventurados os puros de coração

Capítulo 7

Os obstáculos materiais que dificultam a auto-realização

A matéria é algo inerente à vida, é imprescindível ao processo de evolução, é alicerce da criação, mas por si só não basta à vida e à evolução. Para que se concretizem os objetivos da criação, para que se efetive e se expanda a evolução, necessária se faz a integração entre matéria e Espírito. Espírito, princípio inteligente que alavanca o processo evolutivo, vivificando a matéria, dando-lhe os contornos naturais da propagação da vida e do maior bem espiritual, o amor.

Desde a criação, a matéria densa vem sendo vivificada, evoluindo, tornando-se cada vez mais sutil, a partir de sua integração cada vez mais afinada com os propósitos espirituais, assumindo os contornos da sobrevivência, da troca, das descobertas, das invenções, do conhecimento, da comunicação, da fraternidade universal, da família, da espiritualidade, do reconhecimento da mediunidade, intercambiando os dois planos, do amor.

Encontramo-nos atualmente num momento de profunda transformação. Está em andamento acelerado um movimento de purgação no qual as chagas da Humanidade eclodem a fim de que sejam modificadas e expurgadas do Planeta, mediante a conscientização dos homens sob o amparo firme e amoroso de Deus, Nosso Pai.

Estas chagas são reflexos dos atavismos que se encontram ainda arraigados à sintonia vibratória do Planeta e geram a necessidade de processos expiatórios graves a fim de que, pela dor, o homem se conscientize do equívoco que comete ao se apegar aos valores materiais, que em sua essência são transitórios. Conscientizando-se, o Homem tem então a oportunidade de reparar através de atitudes responsáveis o comportamento pregresso equivocado.

O momento suscita revisão de valores, de conduta, da visão de vida e de si mesmo. Esta revisão, se assumida com afinco e confiança, com certeza conduzirá os seres a efetivarem a transição em curso da prisão material para a espiritualização, culminando com a auto-realização.

Preso a uma visão puramente material, o Homem se encontra envolvido no imediatismo, na competição desleal, na ansiedade e em e toda a gama de doenças do corpo e do Espírito. Vincula-se à necessidade de ter acima de ser, mobiliza-se então a adquirir e acumular bens, a promover-se socialmente, profissionalmente, visando sempre ser "mais" que o outro, e para atingir estes propósitos lesa, corrompe, mata, comprometendo-se diante das leis divinas. Este Homem materialista vive em constante estado de inquietação e ameaça, pois em sua visão a qualquer momento o outro pode superá-lo na competição estabelecida em seu íntimo, o que acaba por mobilizar o outro que se encontra na mesma sintonia. E neste momento não lhe basta mais acumular bens ou ser melhor que o outro, é preciso controlá-lo, ou melhor, dominá-lo, e aí lança mão de subterfúgios e artimanhas que enredam o outro, criando uma imensidão de desequilíbrio, desvarios e comprometimentos que necessitarão de resgate num momento vindouro.

O homem que vive desta forma, atualmente, está reagindo de forma retrógrada e atávica, pois parece ainda viver na época em que era necessário atacar o animal ou então o semelhante que, embrutecido naturalmente naquele estágio evolutivo, lhe ameaçava a vida, ou melhor, a sobrevivência. Parece viver num período em que era preciso disputar o alimento, o abrigo, o agasalho, o calor do fogo, época que antecede a troca e a partilha.

Este ser encontra-se moral, espiritual e emocionalmente em estado de inferioridade, característica que se manifesta nos compromissos sociais, profissionais, familiares e na sua intimidade.

Outra característica marcante deste tipo de conduta é a falta de reflexão e de humildade, pois estes seres não refletem sobre suas atitudes e, portanto, não reconhecem seus equívocos e suas fragilidades.

A grande diferença entre aquele que expia e aquele que se regenera é a conscientização, no primeiro ela ainda não foi alcançada e no outro ela está em movimento expansivo, concretizando a evolução do ser.

Preso ao egoísmo, ao orgulho e à vaidade, que são na verdade "a fachada" do medo, da fragilidade do ser, este fica centrado na inferioridade, correndo o risco da cegueira espiritual, e aí seus olhos serão desvendados pela dor. Para que isso não ocorra ou mesmo seja amenizado, é preciso mudar...

É preciso assumir verdadeiramente a vontade de desenvolver em si mesmo os atributos do Homem de bem, para sintonizar o movimento em ascensão do Planeta, chamado Regeneração, onde conscientemente os homens já primam pela auto-realização e pela evolução dos semelhantes.

Vamos então abordar dois aspectos fundamentais nesta proposta de regeneração: a humildade e a coragem.

Nosso maior juiz é a própria consciência, ela nos aponta os aspectos que precisam ser melhorados e também os pontos positivos que já conseguimos amealhar. Tenhamos a coragem de enfrentar a nós mesmos e fazer um auto-exame, nos perguntando "como estamos vivendo?"

Vamos então aprofundar o auto-exame:

– *Estou feliz?*

– *O que me descontenta atualmente?*

– *Do que tenho medo?*

– *De quem tenho inveja? Por quê?*

– *De quem tenho raiva? Por quê?*

– *O que me impede de transformar minha realidade interior?*

– *O que quero para minha vida?*

– *Estou buscando aquilo que quero?*

– *Confio no amparo da Providência Divina?*

Com estes questionamentos podemos ampliar nossa consciência espiritual, identificando pontos de realização e pontos de frustração, além de verificar como anda nossa ligação com a essência individual e com a essência divina que também reside em nós.

Tivemos coragem de nos examinar e nos conhecer um pouco melhor. Agora é preciso ter a humildade de reconhecer o que precisa ser melhorado, reconhecendo-nos como Espíritos em evolução, e portanto passíveis de erros e de acertos. Feita esta auto-identificação, é possível observar que os pontos a serem melhorados estão diretamente ligados aos atavismos do Homem e precisamos paulatinamente nos desprender deles para nos ligar aos valores espirituais libertadores.

Nesta proposta podemos amenizar as nossas densidades materiais que nos mantêm presos a sentimentos, pensamentos e atitudes desequilibradas, sutilizando assim nosso corpo e nosso Espírito, nos colocando no caminho da regeneração, onde temos a vivência do amor por escolha própria, não mais como forma de pagamento, mas sim como uma doação espontânea para a vida da qual todos nós fazemos parte, integrando a sabedoria divina que nos abençoa com suas dádivas amorosas e libertadoras.

Espiritualizados, amemos uns aos outros, como Nosso Pai nos ama.

Que o Mestre Jesus nos abençoe agora e para todo o sempre.

Irmã Rosália

Leitura complementar:

O Evangelho Segundo o Espiritismo

Capítulo II – Meu Reino não é deste mundo.

Capítulo V – Bem-aventurados os aflitos.

Capítulo 8

Os obstáculos emocionais na trajetória rumo à auto-realização

Emoção, reação fisiológica inerente a todos os homens. Somos seres essencialmente emocionais, que reagimos a tudo o que se passa à nossa volta, bem como a tudo que se passa em nosso íntimo; reagimos ainda às vibrações energéticas dos planos espirituais inferiores e superiores.

Estamos ligados aos movimentos amplos e também aos movimentos mais específicos e aos Espíritos que fazem parte da nossa trajetória evolutiva.

No grupo de evolução ao qual nos encontramos co-ligados, temos reações emocionais mais intensas, sendo que estas reações remontam às vivências pregressas do grupo, se atualizam, projetando-se para o cumprimento do projeto reencarnatório da atual existência.

Estamos intrinsecamente ligados ao movimento cósmico, inseridos no tempo que abrange passado, presente, futuro, num grupo de evolução que se encontra distribuído pelo espaço cósmico, e que estando longe ou perto fisicamente falando, acionam-se mutuamente, reagindo aos movimentos individuais e globais.

Desde a criação os seres evoluem em suas reações, passando da reação instintiva para a emocional e no momento atual o trabalho é direcionado para a reação amorosa, concluindo assim uma etapa de expiação, para que se trilhe o extenso caminho da regeneração, onde a cura, a auto-realização, a comunicação telepática permeará o Cosmos, alavancando a sutilização do Planeta e dos Homens.

A história da Humanidade é construída a partir de descobertas, ações, reações e devido ao estado de ignorância, inerente ao Homem primeiro, houve reações intempestivas que geraram outras reações nesta mesma sintonia, que se alastraram pelo Planeta, tornando os seres endurecidos, vingativos, agressivos, odientos, orgulhosos e egoístas que em vez de agirem a favor de si mesmos e da vida, contribuíram na autodestruição, na destruição do semelhante e da nossa casa, a Mãe Terra.

Estas atitudes tornaram os seres cada vez mais inseguros, medrosos, com toda uma gama de sentimentos que os deixaram aturdidos, querendo se defender e não evoluir.

Se para se defender fosse preciso competir, lesar, matar, isso seria feito, e muitas vezes com requintes de crueldade e prazer.

Tudo isso gerou um estado de decadência global e uma paralisação na evolução. Os

Homens acabaram por ficar presos nesta conduta defensiva, competitiva e malévola.

Ao longo da trajetória evolutiva do Planeta foram enviados missionários dos mais variados níveis a fim de despertar a Humanidade para aqueles valores que ela traz em si em estado de latência, os valores espirituais.

Os missionários semearam com seus exemplos de amor e retidão, pela palavra esclarecedora, inspirada pelos benfeitores espirituais, energias e idéias que ficaram impregnadas no orbe terrestre, formando uma rede de proteção que alicerça o movimento de expiação e provações, que promove a libertação dos atavismos pelo despertamento, pelo sofrimento inerente às situações criadas pelo próprio Homem.

Nos processos expiatórios, quando o ser se conscientiza e se redime perante si mesmo e perante a lei divina, naturalmente ele se liga às energias superiores que impregnam o cosmo, e este eco vibracional-energético aciona aquilo que o Homem traz em si de melhor: os bons sentimentos e principalmente a vontade de reparar.

Porém este despertamento ocorre no íntimo de um ser que ainda teme ser aniquilado pelo outro, e então desenvolve toda uma armadura onde a matéria prima é o orgulho, o egoísmo, a vaidade e que assume várias faces.

Esta armadura torna os seres arrogantes, intelectuais em excesso, prepotentes, ávidos pela riqueza, pelo status, pela beleza exterior.

A referida armadura é criada com a função de proteger um ser que se encontra amedrontado, porém ela distancia o ser de si mesmo, do semelhante e de Deus.

Embora tenha ocorrido o despertamento, todo o processo evolutivo ocorre de forma truncada, num eterno conflito entre a luz e a treva, o despertamento e a armadura. O ser que vive neste conflito sofre pelos sentimentos e pensamentos que ele mesmo cria e que não condizem com sua essência crística. Este ser tem, então, dificuldades para se realizar emocional e espiritualmente, pois encontra-se preso num círculo vicioso e parece um joguete que oscila entre a consciência e a negação da consciência adquirida, estagnando ou então caminhando de forma desgastante e sofrida.

Comete-se freqüentemente o equívoco de acreditar que o ser espiritualizado não deve ter reações emocionais, que deve estar sempre tranqüilo, sereno, equilibrado. Grande equívoco, pois negando nossas emoções, estamos negando nossa própria essência. Não devemos ser escravizados pelas reações emocionais, mas precisamos admiti-las, conhecê-las para que possamos transformar aquilo que de fato precisa ser transformado e aí podermos atingir a auto-realização.

Cair é de quem caminha.

Desequilibrar-se é inerente à busca do equilíbrio.

Temer é típico daquele que teve, perdeu e quer conquistar novamente.

Na conquista paulatina da essência crística que se encontra latente em nosso interior, precisamos remover os "entulhos" que desvalorizam nosso eu superior, dando-lhe uma conotação inferior. Precisamos então olhar nossa armadura, para que conhecendo-a, possamos dissolvê-la, permitindo que aflorem nossas verdadeiras emoções e possamos conquistar o mais nobre dos sentimentos, o amor.

Ao olharmos nossa armadura, descobriremos pensamentos ultrapassados, emoções reprimidas, idéias que cerceiam nossa individualidade, temores, inseguranças e na base de tudo isso o medo de não ser amado e compreendido. E aí cabe a pergunta: por acaso nós nos amamos e nos compreendemos?

A partir daí vamos dando prosseguimento ao auto-exame, realizando um processo de identificação, reconhecendo o que apreciamos em nosso ser e em que nos depreciamos, mesmo admitindo como sendo algo que faz parte de nós. Esta depreciação geralmente é gerada por um sentimento de culpa, que leva à autopunição e à autoexclusão; nós nos escondemos de nós mesmos e do semelhante, tentando ser aquilo que acreditamos que o outro espera de nós e vivemos constantemente ameaçados pelo medo da rejeição.

Mas em primeiro lugar nós precisamos nos aceitar e nos amar, lembrando que o Grande Pai e o Divino Mestre e Amigo nos amam incondicionalmente. Esta aceitação e esta lembrança acionam nossa essência crística que já foi despertada, mas que se encontra "sonolenta".

O passo seguinte é assumir a realização da varredura dos entulhos, assumindo principalmente medos, inseguranças, desejos, sonhos.

Em relação aos medos e às inseguranças é preciso fazer uma auto-análise profunda para compreender a fonte de tudo isso, lembrando que todo o mal pode ser transformado em bem; que o ser está em evolução e que, portanto, é passível de erros, tanto nós mesmos quanto nossos semelhantes; a transformação sempre é possível, Deus não desampara seus filhos e finalmente que Deus criou seus filhos para que estes fossem felizes.

Desejos, sonhos, provavelmente estarão bloqueados pelos medos e pelas inseguranças, é preciso então redescobri-los, acolhê-los, amá-los.

Feita esta redescoberta luz e sombra, medo e desejo, o conflito parece mais ameno, pois redescobrimos também nosso Pai, nosso amigo Jesus e nossa essência crística, estamos então munidos de recursos necessários à auto-realização.

Realização é sinônimo de plenitude, paz e retidão.

Plenitude é o mesmo que estar inundado de Deus.

Paz, característica que evidencia a certeza da intercessão divina.

Retidão, busca constante e reta do encontro com o Pai e com nossa essência.

E assim, nos permitimos estar inundados, confiantes no Pai, amando-O, bem como a nós mesmos, podemos construir paulatinamente, tijolo a tijolo, o edifício sólido de nossa realização.

O edifício é composto de várias repartições que se integram: família, profissão, amizades, espiritualidade, conhecimento, afetividade, vínculos sociais e por aí vai.

Quando estamos cônscios de nossa responsabilidade e nos encontramos imbuídos do desejo autêntico de ser felizes, buscamos naturalmente a evolução em todos os âmbitos de nossas vidas, e concomitantemente vamos burilando nossos compromissos, nos sintonizando com o movimento cósmico regenerador. Vamos granjeando idéias, emoções, energias que acabam por se manifestar espontaneamente de forma positiva e amorosa, assim a realização vai se concretizando e vamos firmando nossa característica essencial de evolução, amor e caridade.

E assim inundados da boa intenção vamos nos sutilizando em pensamentos, emoções, permeando nossos relacionamentos de energias afáveis, envolventes, que acionam o amor latente em cada um de nós e assim os grupos de evolução firmam compromissos, se reconhecem e se amam mutuamente, fazendo pulular pelo globo focos de energia de amor e cura, recebendo as bênçãos superiores do amparo, do incentivo e da certeza de que o mundo evolui para um mundo melhor.

Que Deus abençoe a todos.

Irmã Maria Amélia

Leitura complementar:

O Evangelho Segundo o Espiritismo

Capítulo XVII – Sede Perfeitos

Capítulo XXV – Buscai e Achareis.

Capítulo 9

Os obstáculos provenientes do intelectualismo, retardando a auto-realização

Inteligência, faculdade com a qual o Criador nos dotou e que nos diferencia dos demais seres da Criação.

Faculdade que nos permite conhecer e entender tudo o que nos rodeia. Este canal de entendimento nos permite registrar e codificar impressões, sensações, pensamentos, emoções e sentimentos. É este canal que nos permite tornar inteligível tudo o que acontece à nossa volta. É ele também que nos permite a comunicação com outros seres desta e de outras esferas.

Em sua essência a inteligência tem como função embasar a evolução do homem em nível físico e espiritual.

Fisicamente falando, o Homem nasce dotado de todo um aparato orgânico que vai se desenvolvendo na medida em que o ser intercambia com o mundo e seus semelhantes. Neste desenvolvimento, o ser vai ampliando sua visão de mundo, pode aprimorar sua forma de relacionar e de contribuir com sua inteligência para a melhoria da qualidade de vida do planeta. Conforme a manifestação intelectual se dá de forma mais clara, fluída e eficiente, o ser vai acessando em si mesmo os conhecimentos adquiridos em outras existências, que são acervo vivo da memória universal e, na medida em que se inter-relaciona, sua memória que então aflora vai se ligando a outras memórias da mesma sintonia, elas vão se atraindo e se formam os grupos de evolução que podem funcionar a favor ou contra a melhora universal.

Com o desenvolvimento da expressão intelectual e afloramento da memória universal, o ser vai conquistando habilidades intelectuais cada vez mais abstratas, eficientes e sutis, como por exemplo: a reflexão, a integração de informações, o planejamento e a execução de programas objetivando o progresso, dentre outros. A reflexão permite a revisão de conceitos desta e de outras vidas e após a "peneira" dos conceitos pode-se integrar informações adquiridas em existências pregressas e na existência atual e aí os planos podem ser executados com maior acerto e habilidade.

Neste mesmo movimento se manifestam também os fenômenos mediúnicos de natureza inteligente: a intuição, a captação de idéias inerentes ao progresso, a expressão de idéias alternativas no decorrer do planejamento e da execução do trabalho, um "insight", um texto psicografado intuitivamente e por aí afora.

Desta forma a inteligência pode cumprir sua função dentro do panorama cósmico, grupal e individual.

Existem, porém, os obstáculos que retardam o cumprimento desta função e de tudo o mais que se encontrar a ela vinculado.

Estes obstáculos se manifestam das mais variadas formas e estão todos ligados a uma forma de ser egocêntrica, imatura, orgulhosa e vaidosa, como já foi explanado no capítulo anterior.

As guerras entre os povos, os massacres coletivos, as negligências que provocam mortes, acidentes, a estagnação científica, social e religiosa são expressões do intelectualismo retrógrado.

As disputas pessoais que assumem a forma de "picuinhas", ataques, agressões, aniquilamento moral, emocional do outro, também expressam atavismos intelectuais.

Preso no medo do aniquilamento, inseguro sobre sua aceitação no mundo, o ser fecha-se numa couraça maciça de autoproteção, assumindo postura arrogante e prepotente a fim de afastar qualquer ameaça ao seu "ego".

Egocentrado, ele se sente capaz na medida em que seus pontos de vista são aceitos pelos semelhantes, tenta convencê-los com argumentos lógicos, não conseguindo passa para a imposição, diante de mais um fracasso no seu "intento" passa a inferiorizar o outro, que não pensa como ele ou que não favorece a concretização de seus objetivos. Tudo isso porque tem necessidade de provar a si mesmo a sua supremacia sobre os semelhantes.

Foi assim no holocausto e em tantos outros episódios históricos que ocorreram nos campos social, científico, religioso, etc.

Aos olhos do Pai somos todos iguais, fomos criados à Sua imagem e semelhança. Convivemos com os nossos semelhantes, a própria palavra expressa a nossa condição essencial "semelhança", "igualdade".

No íntimo de todos nós estão contidas as energias do egoísmo, do ódio, do orgulho e da vaidade que nos fazem competir com o outro em vários graus de intensidade e comprometimento inferior, porém se queremos evoluir e nos realizar, é preciso nos predispormos a refletir, "peneirar", integrar e executar aquilo que queremos para nós.

Todos queremos amar e ser amados, para tanto é necessário começar a acessar as nossas potências intelectuais, afetivo-emocionais e espirituais, lembrando sempre que em essência somos espírito, amor e pensamento (inteligência).

Comecemos então a constatar nossa realidade interna e externa:

O que identifico em mim que está relacionado ao egoísmo e toda a gama de sentimentos inferiores?

Como estão meus relacionamentos interpessoais?

Estou competindo com meus familiares, amigos, etc.?

Quero impor meu ponto de vista ao meu semelhante?

Quero que minhas idéias sejam sempre aceitas?

Tenho agredido alguém atacando suas fragilidades emocionais, sociais, intelectuais, espirituais?

Como me sinto nestas situações? Inseguro? Arrogante, etc.?

Tenho refletido sobre a forma de me relacionar?

Tenho tentado melhorar minha forma de estar com o outro?

Destes questionamentos podem surgir outros, depende muito da abertura de cada Espírito.

Feita esta identificação, é preciso compreender que em essência somos seres semelhantes, dotados das mesmas faculdades básicas, sentimento, pensamento e ação, à parte as limitações físicas de que alguns seres são portadores devido a delitos pretéritos; mas que somos também seres individuais, com vivências diferenciadas que implicam em reações, emoções e pensamentos individualizados.

Semelhantes e diferentes, o que a princípio pode parecer uma contradição pode transformar-se na grande alavanca para a evolução da Humanidade.

Devido à diferença entre os semelhantes, os seres podem trocar informações, adquirir conhecimentos e noções novas; esta troca pode desbloquear ações que estavam emperradas, dissolver idéias prepotentes, rígidas e equivocadas, liberando os seres para acessarem as idéias superiores que contêm em si mesmos e que os sintonizam então com as idéias que pululam no globo e estão vinculadas aos planos superiores e à essência divina.

Em vez de competir, atacar, aniquilar e estacionar, o ser passa a contribuir, respeitar e aceitar o diferente, favorecendo, alimentando a troca salutar que é o incentivo necessário à evolução.

E assim, plenamente inundados pela vontade de amadurecer e ser feliz, o Homem começa desde já a experimentar a energia do amor e da felicidade prometidas pelo Pai e pelo Divino Mestre.

Devidamente agradecidos pela oportunidade de trocar energias e conhecimentos com nossos irmãos dos dois planos, rogamos a Jesus o amparo para que concretizemos o movimento de regeneração.

Irmão José Luis

Leitura complementar:

O Evangelho Segundo o Espiritismo

Capítulo I – Não vim destruir a lei

Capítulo VI – O Cristo Consolador

Capítulo XIX – A fé que transporta montanhas

Capítulo XXVII – Pedi e obtereis

Capítulo 10

Equívocos a respeito da auto-realização

Ao longo da trajetória da Humanidade, equívocos foram cometidos nos mais variados âmbitos, porém existe um equívoco bastante grave: é aquele que se refere ao conceito de felicidade e auto-realização.

É considerado grave, dado que idéias equivocadas levam à escolha de caminhos que afastam o ser da busca da verdadeira realização, e assim sua luz interior fica embotada, mantendo-o numa escuridão enganosa.

Auto-realização é algo muito confundido com aquisição e posse de bens, com uma vida material num patamar elevado. Os seres que acreditam nesta idéia vivem essa busca desenfreada e geralmente suas vidas emocional e espiritual são relegadas a 2º, 3º, 4º, 5º planos e permanecem obscuros, doentes. Geralmente este ser aparentemente feliz é um frustrado, magoado, invejoso, possessivo, ciumento e por aí afora.

É preciso encontrar um caminho onde a vida material não suprima a vida interior, a vida espiritual.

Uma vida espiritualizada pode luarizar a vida material que aí torna-se tranqüila, realizadora, cheia de esperanças na superação de problemas e na vivência de momentos felizes. A vida material é então favorável e não contra o ser, ao seu aniquilamento. Os recursos materiais são conquistados e usados em benefício do todo, sem problema algum.

Auto-realização pode ser compreendida como um estado de plenitude a ser vivido, cultivado a cada instante. É uma condição do ser que já consegue dar a cada coisa o seu devido valor. Este ser dá importância à matéria, mas já tem a certeza ou a intuição de que os verdadeiros valores são os espirituais.

Busca então desenvolver estes valores no seu íntimo para em seguida expandi-los pelos seus relacionamentos e pelo mundo.

Nos momentos de tribulações, mesmo assustado, em sofrimento, o ser acredita na melhora e aos poucos volta a mobilizar seus recursos interiores e estes, aliados a outros recursos, passam então a curar o ser e as situações adversas.

Ele pode, então, considerar-se realizado sim, pois já conquistou em si a fé, a certeza da vitória do bem, a consciência da necessidade de trabalhar pela própria evolução, já consegue rever atitudes, dispõe-se a desenvolver bons relacionamentos, dispõe-se principalmente a fazer desabrochar em si mesmo o amor.

Este ser é diferente daquele que vive apenas sua essência material, pois este normalmente é ansioso, insaciável, sempre querendo ter mais, esquecendo-se que o primordial é ser.

Este equívoco, como já foi dito anteriormente, distancia o ser de si mesmo, levando-o a cometer sandices e a atentar contra a vida, e até mesmo contra a própria vida.

O ser ligado só à espiritualidade fica solto na vida.

Aquele que consegue integrar em si mesmo com equilíbrio matéria e espírito, ruma à realização contínua.

Luz que clareia caminhos.

Farol que ilumina as trevas.

Bússola que direciona ao porto seguro.

Mão que se estende soerguendo aquele que estava caído.

Abraço amigo que envolve com amor e reconforto aquele que estava angustiado.

Palavra esclarecedora que salva aquele que estava aturdido na confusão dos equívocos.

Amar ao próximo, atributo daquele que já ama a si mesmo.

Todas estas são possibilidades de ação do Homem realizado que, feliz, quer que os outros sejam felizes também e trabalha para que isso se realize aqui e agora.

Bem aventurados os Homens que querem de fato se realizar, estes já têm dentro de si o reino de Deus. É uma morada iluminada na Casa do Pai.

Bem aventurados os pobres de espírito, os puros de coração, os misericordiosos, os mansos e pacíficos, estes são Homens realizados.

Sua luz brilha iluminando e aquecendo seu íntimo, acionando sua centelha divina que o conduz ao encontro com Deus Pai.

Busquemos nossa auto-realização, confiantes em sua concretização.

Que Deus e o Divino Mestre nos abençoem agora e para todo o sempre.

Irmão Adriano de França

Leitura complementar:

O Evangelho Segundo o Espiritismo

Capítulo VII – Bem-aventurados os pobres de espírito

Capítulo VIII – Bem-aventurados os puros de coração

Capítulo IX – Bem-aventurados os mansos e pacíficos

Capítulo X – Bem-aventurados os misericordiosos

Capítulo 11

A redescoberta da essência divina

Continuando o processo de revisão rumo à auto-realização, precisamos descobrir verdadeiramente as nossas qualidades, tudo aquilo que já conseguimos conquistar em busca da evolução.

Perdidos nas malhas dos compromissos terrenos que nos envolvem a ponto de nos distanciarmos de nós mesmos, esquecemos de nos olhar com amor. No frenesi do cotidiano massificante em que nos permitimos estar de forma superficial, corremos em busca do ter e esquecemos de ser, e pior ainda, nos esquecemos do que já somos, espiritualmente falando.

Para nos enquadrarmos nas solicitações do mundo atual, esmagamos o nosso eu crístico com julgamentos, reprovas e autodepreciação. É preciso dar um basta neste movimento, para que possamos acompanhar a evolução cósmica e nos regenerar, do contrário ficaremos confusos, enfermos de corpo e alma.

Fomos criados à imagem e semelhança do Grande Pai, somos Seus filhos e temos como o Grande Irmão e Modelo de Conduta e Evolução o Iluminado e Querido Jesus, temos, portanto, em nosso íntimo a essência do bem, do amor, da luz e do progresso.

Com certeza muito desta essência já foi aflorada em nós e já amamos, iluminamos, evoluímos e praticamos o bem. Mas é necessário ir adiante, alavancar por opção própria a marcha do progresso em nós. É uma questão de escolha e ninguém pode escolher a não ser cada um de nós.

Então já que estamos escolhendo progredir e amar, vamos ampliar a nossa expressão crística.

Cristo nos ensinou a amar ao próximo como a nós mesmos; será que já estamos nos amando? Parece que sim.

Nós já conseguimos evoluir da justiça com as próprias mãos para acatar a justiça divina, pois é esta a idéia que predomina no Planeta, apesar do desequilíbrio de nossos irmãos que ainda matam.

Nós já conseguimos também conviver, nos unir em prol de um objetivo comum, favorável ao todo.

Estamos aprendendo a usar o conhecimento para construir, curar, descobrir maneiras de evoluir, nós que já destruímos, matamos e impedimos a vida, a evolução.

Já temos ideais de família, de renovação. Somos seres éticos, cônscios do nosso papel perante o outro.

Diante deste quadro podemos perceber de forma irrevogável que, desde a criação, já conseguimos evoluir de forma significativa, estando mais próximos da regeneração do que das malhas da inferioridade.

A era da regeneração é caracterizada pela escolha consciente de fazer o bem, seguindo os passos de Jesus, o Modelo de Renovação e Amor.

Para que possamos concretizar esta proposta precisamos arar as terras férteis de nosso coração para que floresçam as flores do bem-querer e os frutos da redenção. Precisamos retirar os espinhos, as sementes que se estragaram e não vingaram, as ervas daninhas que estão sufocando as boas sementes. É preciso separar o joio do trigo e assim tornar-se possível vislumbrar tudo aquilo que já temos de bom e, estando o terreno limpo com espaço para a expansão natural, passemos então a cultivar nossa essência crística.

Na varredura que foi realizada foram encontrados medos, inseguranças, idéias retrógradas, comodismo, causando a cegueira a respeito de nós mesmos e da vida.

Agora mais confiantes, cônscios de nosso potencial, de nossa capacidade realizadora, da possibilidade da evolução, aconchegados pela constatação de que muito já fizemos por nós e pelos outros, nos sentimos impelidos a fazer mais, a amar, a perdoar, a construir e buscar a regeneração, vivendo os verdadeiros valores.

Regenerando-se, regenera-se.

Amando-se, ama-se.

Construindo-se, constrói-se.

Criando, co-criamos.

De posse de nossa integridade espiritual, vislumbramos a existência de maneira renovada. Acreditamos na felicidade e passamos a trabalhar para conquistá-la e só podemos ser felizes se amamos, aprendemos e estamos junto daqueles que nos são caros, co-criando uma realidade luarizada.

É preciso reencontrar o nosso Cristo interior para que possamos enxergar Cristo no nosso semelhante, num processo de cristificação contínua.

Jesus nos ensinou a importância do verdadeiro amor e nos prometeu a felicidade desde agora, se nos propuséssemos a nos unir em torno de Seus ensinamentos, vivendo-os cotidianamente de forma gradativa, subindo os degraus da escada da evolução um a um para que um dia possamos chegar no topo. Mas não é preciso chegar no cume para estar com Ele, pois Ele está em nós, é só olhar e Ele estará no nosso íntimo e também ao nosso redor, iluminando, despertando, encaminhando-nos à marcha evolutiva.

Jesus, o abnegado Filho do Pai, que num estado de profundo amor ensinou, viveu e pregou os verdadeiros valores, reflete um estado de energia que se encontra em latência em nosso interior, portanto depende de nós levar adiante um processo iniciado em épocas remotas, o processo de Iluminação.

E assim, revigorados por este reencontro, marchemos rumo à concretização da nossa felicidade que está atrelada à felicidade do próximo, e assim co-ligados pelo amor, rumemos à luz sob as bênçãos do Mestre Jesus.

Irmão José Luís

Leitura complementar:

O Evangelho Segundo o Espiritismo

Capítulo III – Há muitas moradas na casa de meu Pai

Diferentes estados da alma na erraticidade

Capítulo XI – Amar ao próximo como a si mesmo

Capítulo XVI – Sede perfeitos

Capítulo XX – Trabalhadores da última hora

Capítulo 12

A reconstrução do processo auto-realizador e suas etapas

Neste capítulo iremos dimensionar a construção do edifício da auto-realização. Com a intenção de contribuir para a evolução de nossos irmãos em Cristo, num ideal fraterno, tentaremos traçar um caminho para a escalada auto-realizadora que nada mais é do que a evolução espiritual que permite o afloramento da essência crística em cada ser.

Vamos lá...

Agora já somos conhecedores de que a prisão exclusiva aos aspectos materiais da vida nos afasta de nossa verdadeira essência. Somos sabedores também que a arrogância, o desejo em ser detentor do maior e melhor conhecimento segundo os parâmetros terrenos nos leva, sem sombra de dúvidas, à derrocada. Sabemos ainda que acabamos por nos emaranhar nesta teia de energias inferiores porque tememos ser aniquilados, somos seres emocionalmente inseguros, distantes do equilíbrio emocional daquele que vive em sintonia com sua essência crística.

O ser que se encontrava sem rumo, perdido no mar de iniqüidades turbilhonado pelas vibrações inferiores, reencontra-se com sua essência crística e tem a consciência de que todo o potencial de luz, amor, verdade e evolução encontra-se em seu íntimo, sendo que este potencial precisa ser burilado, aflorado e assumido , é uma questão de escolha.

Feita esta conscientização, tomada a decisão, podemos então reiniciar a trajetória rumo à construção auto-realizadora. Na verdade estamos fazendo uma reforma numa construção que foi construída sobre alicerces que, devido a sua condição efêmera, foram corroídos, deixando a estrutura por desmoronar.

O primeiro passo desta nova etapa é a expressão pura do auto-amor, carecemos intensamente do nosso próprio amor: amar nossas qualidades, perdoar nossos equívocos, reconhecermos nossa capacidade de retomar, acreditar em nossa capacidade de superação e reconstrução.

Preenchidos de amor por nós mesmos, tornamos possível a manifestação do entusiasmo que nos leva a ter esperanças e a agir em busca de um estado interior mais equilibrado.

Esperançosos buscamos ações edificantes, atividades com as quais nos identificamos e que portanto nos realizam, encontramos "casualmente" irmãos que professam os mesmos ideais e a mesma fé. No encontro com estes irmãos da mesma vibração evolutiva, permeada de amor e boa intenção, passamos a concretizar a parte missionária inerente à quase toda trajetória evolutiva, salvo as exceções de caráter puramente expiatório.

E assim, alicerçados pelo auto-amor, cheios de esperanças, com uma postura ativa em favor do bem geral, apoiados pelos irmãos de afinidades, apoiando-os também, nos auto-identificamos como luz, amor, verdade, evolução e vamos contribuindo de modo assertivo para a vitória inexorável do bem contra o mal, fortalecendo a falange dos abnegados tarefeiros do Cristo que trabalham pela evolução dos mundos.

Missionários que somos, cumpramos nossa missão de amar ao próximo como a nós mesmos, valorizando então a vida.

Que o Mestre Jesus nos abençoe agora e sempre.

Irmã Rosália

Leitura complementar:

O Evangelho Segundo o Espiritismo

Capítulo VII – Bem-aventurados os pobres de espírito

Capítulo XII – Que a mão esquerda não saiba o que faz a mão direita.

Capítulo XV – Fora da caridade não há salvação.

Capítulo XVII – Muitos os chamados e poucos os escolhidos.

Capítulo 13

A necessidade do alimento espiritual no cotidiano. O pão da vida

No cotidiano dos tempos atuais, quando a marcha evolutiva acirra os movimentos de expiação para que a posterior etapa de regeneração se instale com urgência, o Homem muita vezes se perde nos mecanismos desequilibrados da revolta, do pieguismo e da inadimplência quanto aos seus compromissos com a Espiritualidade.

São chegados os tempos em que os processos purgadores se cumprem inexoravelmente, não há mais condições de esperar o despertar espontâneo das consciências adormecidas, elas despertarão para que a renovação se dê; o sofrimento libertador é um dos grandes recursos utilizados pelo plano maior e principalmente escolhido pelos Espíritos que se percebem em estados vibracionais inferiores, permeados por delitos culposos, que colocam vidas a perder.

O momento é de ceifa, escolhas, cumprimento de projetos reencarnatórios alicerçados desde há muito na expiação com finalidade libertadora.

Este quadro atual assusta os seres, principalmente aqueles que acreditam estar à mercê do movimento em vez de se colocarem como parte integrante e responsável deste mesmo movimento.

Não há motivos para temeridades, desde que se confie no cumprimento dos sábios desígnios divinos. Se focarmos nosso olhar apenas para o movimento terreno, sem associá-lo ao comando divino, fatalmente perderemos as esperanças e corremos o risco de nos perder nos caminhos redentores.

Precisamos então buscar o alimento espiritual que nos nutra a vida e possibilite a dilatação da percepção, alçando assim vôos cósmicos, em que o resplandecer iluminado da era redentora nos acene com as bandeiras da paz do reencontro crístico e do reencontro com os Espíritos afetivamente caros e imprescindíveis à nossa evolução.

Sem o alimento do Espírito, somos seres famintos, que buscam desvairadamente na matéria um alimento que não nos sacia a fome.

No processo de auto-identificação que embasa a auto-realização, precisamos, de fato, partir em busca da edificação dos valores espirituais no nosso íntimo, valores estes que dão a verdadeira sustentação para a nossa existência e verdadeiro conforto nos momentos de aflição que caracterizam esta fase transitória.

Munidos da prece e da fé que dão a certeza de que a vontade soberana do Pai se cumpre, sendo esta vontade plena de amor, verdade e luz, nós conseguimos enfrentar os embates do cotidiano com mais equilíbrio e retidão.

Precisamos constatar a realidade material e nos conscientizar de que ela existe para o nosso aprimoramento, e que se nos transformamos intimamente, projetaremos no mundo pensamentos, sentimentos e atitudes que contribuirão para a transformação da realidade.

O pão da vida tem sede no Espírito.

O Espírito é luz, vida, amor, realização.

Realização é sinônimo de preenchimento afetivo-espiritual do ser que anseia pela felicidade.

Felicidade, estado de alma daquele que reconhece a sabedoria divina atuando em todos os momentos, reconhecendo ainda a perfeição de Sua criação e de Suas leis que regem os mundos.

Mundo, morada dos filhos de Deus que em seus diferentes graus evolutivos anseiam pela transformação salutar.

Transformação, alteração de um estado em desequilíbrio para um estágio de equilíbrio cada vez mais avançado.

Avanço espiritual, meta de todo Espírito.

Possamos em nosso dia-a-dia, apesar das diversidades e também por causa delas, buscar o alimento espiritual.

O pão da vida tem sede num coração profundamente emocionado, envolto numa atmosfera de amor, que vibra amizade, companheirismo, cumplicidade, sonho, projeto, existência vitoriosa.

Plenos desta certeza, teremos sustentação para seguir adiante e encontrar a verdadeira felicidade aqui e agora: nos referimos à felicidade que dá paz espiritual e não à felicidade das aparências.

Que Jesus nos ampare em nossa busca pelo alimento espiritual e que bem nutridos possamos alimentar outras vidas.

Que assim seja.

Irmã Emerenciana, profundamente emocionada e amparada pelo grupo que trabalha pelo esclarecimento de mentes sob o amparo de Joanna de Ângelis.

Leitura complementar:

O Evangelho Segundo o Espiritismo

Capítulo XIX – A fé que transporta montanhas

Capítulo XXVII – Pedi e obtereis

Capítulo 14

A expansão da plena expressão do ser, abrangendo: inteligência, afetividade, relacionamento, mediunidade e espiritualidade.

Em essência, somos seres fadados à evolução. Apesar dos tropeços, quedas e fracassos, inexoravelmente atingiremos a angelitude.

Sabedores desta verdade universal, imbuídos da intenção da auto-realização, podemos desde já alcançar vôos evolutivos que nos permitem o desbloqueio de nosso potencial, acionando assim tudo aquilo que temos de mais saudável e pleno em nosso ser.

O ser que prima pela auto-realização tem sede de conhecimento, de amor, de bons relacionamentos, de atrair para si o concurso do amparo espiritual combinado, ao serviço caridoso e ao desenvolvimento dos verdadeiros valores.

A partir do momento que acionamos esta vontade, tendo a consciência de que precisaremos trabalhar arduamente para que ela se concretize, uma verdadeira revolução passa a ocorrer em nosso campo energético, que culminará na conquista de um ser centrado em sua essência crística.

Seguindo este roteiro natural da vida, podemos observar que alterações profundas ocorrem em nossos campos de atuação.

A inteligência vai ficando mais refinada e eficiente, daí decorre que nossas reflexões são mais profundas e libertadoras, e esta conquista passa a estar a serviço do nosso crescimento vinculado ao crescimento do próximo.

Passamos a buscar relações afetivas mais verdadeiras, sem a presença de máscaras; são características destas relações afetivas amadurecidas: a vontade de aconchegar e ser aconchegado, diálogos pautados pela verdade, pela busca do entendimento mútuo, pela satisfação de estar envolvido por uma sintonia de puro amor.

Estando assim evoluídos na expressão intelectual e afetiva, o encontro com os valores do Espírito é a conseqüência natural, passamos então a buscar o pão da vida, famintos dos conhecimentos libertadores, alimentamos nossa essência crística de amor, caridade, trabalho e responsabilidades.

Alicerçados num eu centrado e não mais egocêntrico, estamos então aptos ao refinamento mediúnico que é a tônica do mundo em regeneração. Sintonias se concretizam com maior facilidade, à distância os seres se acionam e a evolução se dá inexoravelmente. Estando próximos fisicamente falando, os afins se ligam estreitamente, realizando a evolução dos referidos vínculos, projetando com determinação ao seu redor idéias libertadoras que envolvem aqueles que fazem parte do grupo de evolução.

Acessíveis às idéias mais elaboradas que têm caráter de amor, evolução e redenção, os seres recebem as inspirações do plano maior com maior facilidade e com certeza a evolução se dá de forma mais ágil e sólida.

É importante ficar claro que este é o resultado natural de uma existência vitoriosa, a partir do momento em que se assume a vontade de amadurecer e a responsabilidade por este trabalho de crescimento.

Mais uma vez reforçamos: façamos a opção mais feliz.

Que o Mestre Jesus nos abençoe agora e para todo sempre.

Irmã Rosália

Leitura complementar:

O Evangelho Segundo o Espiritismo
Capítulo XVII – Sede perfeitos

Capítulo 15

Sempre há o que rever e melhorar: Evolução, expansão incessante do espírito.

Estamos até aqui realizando o auto-exame a fim de nos identificarmos e nos colocarmos no fio condutor da auto-realização.

No auto-exame encontramos atavismos e conquistas, sombra e luz, mas principalmente acessamos nossa essência crística e a partir daí seguramente nosso arsenal energético passa a configurar um estado dinâmico de renovação.

A essência crística nos coloca em contato direto com nossas condições primordiais enquanto Espírito: amor, evolução, movimento e verdade.

Se nós conseguirmos assumir verdadeiramente que queremos amar e evoluir, mesmo que para isso tenhamos que trabalhar arduamente, dificilmente retrocederemos, a tendência natural é a evolução incessante.

No auto-exame nos identificamos, fizemos escolhas, traçamos objetivos, agora começa então o trabalho que concretizará o processo auto-realizador.

Neste trabalho vamos nos deparar novamente com erros e acertos, medos e desejos que estão no nosso íntimo e no íntimo de nosso semelhante e teremos aí a oportunidade para viver as mesmas situações com uma atitude e um olhar diferenciados.

Confiantes no nosso Cristo interior, diante das adversidades que nos chegam, não entraremos em desespero, pois acreditamos em nossa capacidade de superação, na habilidade de iluminar nosso mundo e de refletir esta luz ao nosso redor.

Diante de nossos medos, passaremos a perceber, pouco a pouco, que são meros reflexos de nossas inseguranças e que podemos dissolvê-los com a prece, com a fé, com o apoio que buscaremos nos afins, plenamente confiantes de que o Pai nos criou à Sua imagem e semelhança para sermos felizes.

Teremos a paciência de esperar a vitória, pois sabemos que ela chegará inexoravelmente.

Com esta postura, os problemas continuam a existir mas podem ser dissolvidos com maior facilidade e rapidez, gerando menos desgaste, permitindo que as conquistas realizadas com o auto-exame se solidifiquem em nosso íntimo, projetando-se em nosso relacionamento com o semelhante.

Este novo ser, convicto de seu potencial aliado ao poder divino, tende a expandir com facilidade (o que não quer dizer que não haja tropeços) sua luz pelo mundo, cocriando uma realidade plena de ligações salutares e inteligentes, em constante sintonia com a vibração da era regeneradora.

Na nova era a energia tende a ser mais sutil, os problemas serão encaminhados para a resolução com mais agilidade, os vínculos serão pautados pela afinidade e pelo profundo afeto, a cura se dará através da união, do esclarecimento e da manipulação da energia, sendo estas as características básicas deste novo momento cósmico, onde o Homem tende à auto-realização inerente à evolução.

Toda esta sintonia e suas características refletem a expansão incessante do Espírito que sempre tem o que rever e melhorar em si mesmo.

O Espírito do novo milênio é mais consciente, responsável pelo próprio destino, destino que ele mesmo escolheu ser a felicidade. Com esta postura estruturada na idéia da evolução, torna-se mais fácil identificar sinais e sintomas de desequilíbrios e como este novo ser quer melhorar, logo se colocará em movimento para equilibrar-se novamente. Neste movimento natural desequilíbrio/equilíbrio, a evolução se dará de forma madura, amorosa, ágil, envolvendo o grupo de evolução que sofre os reflexos daqueles com os quais encontra-se profundamente ligado.

E assim, nesta proposta de regeneração, a energia do planeta vai se sutilizando e os Espíritos também, tornando a atmosfera agradável e favorável à implantação do reino de amor e luz. De forma eficiente, inteligente e amorosa vamos concretizando um mundo melhor.

Que Jesus nos abençoe juntamente com o Pai para que sejamos cumpridores de Seus sábios desígnios.

Graças a Deus e a Jesus.

Irmão José Luís

Leitura complementar:

O Evangelho Segundo o Espiritismo

Capítulo XV – Fora da caridade não há salvação

Capítulo XVII – Sede perfeitos

Capítulo XX – Trabalhadores da última hora

Capítulo XXVI – Não pôr a candeia debaixo do alqueire.

Capítulo 16

A sintonia do novo milênio

Imaginemos o nosso planeta como um grande recipiente transparente. Neste recipiente existem energias de diferentes tonalidades e consistências. Existem energias coloridas, vibrantes, suaves, fluídas, leves e também energias escuras, compactas e de certa forma imóveis, devido à própria consistência que se assemelha a blocos metálicos e resistentes.

Estas energias interagem entre si, algumas se afinam e se unem, outras se repelem, a diferença entre elas é muito grande, não conseguem se entender.

Existe a união entre as mais sutis e entre as mais compactas, formam-se então dois grandes blocos.

Os sutis se protegem através da união que os torna mais fortes, vibrantes, belos; os compactos ao perceberem esta vibração têm as mais variadas reações: alguns mudam imediatamente de idéia e tentam se aproximar para fazer parte daquele bloco tão unido, outros ficam indecisos, outros optam pela permanência na densidade, no endurecimento. Entre os indecisos a maioria acaba indo à sintonia de destruição.

Espontaneamente cada um procurou seu lugar.

As cores, a beleza, a sutileza predominam, o grupo é forte e coeso, a luz já se espalha por todo o recipiente; o grupo da densidade, embora formado por um grande número de seres, percebe que seus objetivos destrutivos não se concretizam, não conseguem penetrar entre as cores, e assim desmotivados, rígidos, abandonam-se à própria escolha, sentindo-se destoantes dentro de um recipiente pleno de vida e fraternidade.

E assim naturalmente se dará a separação do joio e do trigo, e na medida em que os componentes do bloco compacto optarem pela renovação, longo caminho será percorrido para que ela se concretize, pois a diferença vibratória entre eles e a vibração do recipiente será bastante acentuada.

Sejamos luz, cor, vida, movimento.

Da irmã que vos tem muito apreço

Rosália

Leitura Complementar:

O Evangelho Segundo o Espiritismo

Capítulo VIII – Bem-aventurados os puros de coração

Capítulo 17

Sintonia com Jesus

O milênio da grande transformação que culmina com a estabilidade do "Homem de bem" é caracterizado pela vivência maciça dos postulados deixados por Jesus.

O Divino Mestre nos deixou como herança os preceitos que nos encaminham para a instalação do Reino de Deus na Terra. Abordaremos aqui alguns destes preceitos que promoverão a vivência da felicidade.

"A tua fé te curou", esta revelação feita por Jesus àqueles enfermos que o procuravam para serem por Ele curados demonstra que temos amplo manancial de recursos capaz de promover a nossa própria cura. No novo milênio muitos estaremos amadurecidos a ponto de usarmos o nosso potencial curador de forma positiva e objetiva, abrangendo a nós mesmos e ao nosso próximo, então este manancial tem permanecido difuso em meio às nossas inseguranças e ao nosso comodismo.

"Bem aventurados os mansos e pacíficos", aqueles que aos poucos foram se desvencilhando dos costumes bárbaros, que compreenderam os limites momentâneos dos semelhantes e que tentaram transpor os próprios limites de forma pacífica. Viverão o reino de Deus desde já, pois estarão permeados pela paz que os movem ao crescimento e sintonizarão com a paz projetada no planeta por outros corações que já se encontram pacificados e fortalecidos em Jesus.

"Não vim destruir a lei, mas sim para dar cumprimento a ela", esta será a tônica dos primórdios do novo milênio, a separação do joio e do trigo, baseada na lei de ação e reação. Os justos receberão as benesses de que se fizeram merecedores e aqueles que optaram pela estagnação na inferioridade sofrerão a repercussão dos próprios atos. Lesaram a outros, lesando a si mesmos, estarão então em situações constrangedoras; a fim de não mais se prejudicarem, serão contidos em seus desvarios, para futuramente fazerem uso positivo de seus próprios recursos.

A cura, a paz, "homens de bem" terão destaque em nosso planeta e alçarão vôos para horizontes amplos, rumo à perfeição relativa que todos um dia alcançarão.

Com profundo carinho
O Grupo

Leitura Complementar:

O Evangelho Segundo o Espiritismo

Capítulo VIII – Bem-aventurados os puros de coração

Conclusão

Chegamos então ao término das mensagens de esclarecimento sobre a auto-realização, num enfoque evangélico-doutrinário.

Neste momento nos encontramos profundamente comovidos pelo intercâmbio que nos possibilita chegar bem perto do coração de nossos queridos irmãos em Cristo Jesus.

Convictos de que toda semente cedo ou tarde germinará, florescendo e frutificando, concluímos, reforçando a idéia de que só nós é que podemos efetuar nossa própria evolução, para isso precisamos buscar, "vasculhar", dia-a-dia, nosso mundo interior a fim de separar o joio do trigo, e dar espaço para o crescimento das boas sementes.

É preciso "vasculhar" sim, dia-a-dia, para que nossa existência seja vivida de forma comprometida e responsável, sem displicência.

Deus criou seus filhos para que atingissem a plenitude, para que vivessem de acordo com sua essência crística, fazendo brilhar sua centelha divina; para tanto precisamos nos sentir realizados.

Realização e plenitude são sinônimos, só poderemos nos realizar se nos conhecermos profundamente, traçando a partir daí metas a serem alcançadas, estando estas metas pautadas no amor, na luz e em nossa essência individual.

Somos indivíduos que temos sonhos, desejos, frustrações, medos, inseguranças, projetos; necessário se faz identificar a individualidade para rumar à plenitude que nos pacifica intimamente e que nos faz espargir paz ao nosso redor.

Benditos sejam os filhos de Deus que trabalham pela expansão do amor em seus corações.

Benditos sejam os filhos de Deus que "descobriram" a necessidade primordial de amar ao próximo como a si mesmos.

Homens realizados, mundo em evolução, irmãos sendo socorridos, irmãos desenvolvidos no aprendizado do amor.

Homens realizados, regeneração em curso, mudança na energia do Planeta rumo à ascensão espiritual.

Que o Mestre Jesus nos abençoe agora e para todo o sempre, na certeza plena de que concretizaremos um mundo melhor.

Que assim seja.

Irmã Rosália

Mensagem Final do Grupo

Com votos de paz profunda, o grupo que trabalha pelo esclarecimento das mentes, sob o amparo da abnegada irmã Joanna de Ângelis, termina este trabalho com profunda emoção e sinceros agradecimentos a todos aqueles que desde remotas existências contribuíram para que chegássemos a este grau de conhecimento até o presente momento.

Que Deus nos abençoe a todos.

Que o maior número possível de irmãos optem pela paz.

Que juntos vivamos as benesses do mundo regenerador.

Até breve!

Referências Bibliográficas

Para a elaboração e transmissão das mensagens de esclarecimento compiladas neste livro foram realizados estudos contidos nos seguintes livros:

1. O Evangelho Segundo o Espiritismo – Allan Kardec

2. O Livro dos Espíritos – Allan Kardec

3. O homem integral – Joanna de Ângelis/Divaldo P. Franco

4. O auto-descobrimento – Joanna de Ângelis/Divaldo P. Franco

Biografia

Francislene Magda da Silva, nascida em 20.12.1967, em Ribeirão Pires, cidade onde sempre residiu.

Psicóloga, atua na área clínica há 12 anos, atendendo crianças, adolescentes e adultos.

Conheceu a doutrina espírita em 1994, passando então a estudá-la, por meio da leitura e participando como ouvinte de palestras e simpósios, principalmente os organizados pela USE Municipal de Santo André e pela ABRAPE (Associação Brasileira dos Psicólogos Espíritas).

Após alguns anos deu-se o início do desenvolvimento mediúnico com ênfase na psicografia.

Atualmente participa de atividades doutrinárias e mediúnicas, no Centro Espírita Nossa Casa, em Santo André, no ABC Paulista.

Sobre a psicografia do livro Auto-Realização...

Este livro foi psicografado em duas etapas diferentes.

No ano de 2000 a sensação ao psicografar foi de profunda alegria, pois era quase palpável a energia de carinho, amizade e, ao mesmo tempo, seriedade com que os espíritos ditavam as mensagens. Era como se aquelas mensagens reativassem em minha alma a vontade de realização, além de me apontar caminhos. Psicografar foi um aprendizado mediúnico e existencial.

No ano de 2001, após dois meses do desencarne de minha mãe, eu não me acreditava em condições de psicografar, pois embora confortada pelas verdades espirituais, sentia intensa saudade.

O grupo de espíritos incentivou-me, alegando que só me faria bem, além de dar seguimento ao meu compromisso. Depois de certa relutância optei por receber os ditados, e como eles haviam me afirmado, saí fortalecida deste processo, pois por intermédio deste trabalho, me revitalizei nas energias salutares e nos verdadeiros valores que nos sintonizam com a continuidade da vida nos dois planos.

Outras Obras

Lágrimas de um Louco
Agnaldo Cardoso

Emocionante romance de **Agnaldo Cardoso**, numa leitura atraente e que prende nossa atenção do primeiro ao último capítulo. Preciosos e úteis ensinamentos à luz da Doutrina Espírita.

www.mundomaior.com.br

O Melhor de Domério
Domério de Oliveira

"O Melhor de Domério" é um importante registro histórico, para as futuras gerações, de quem, com quase oitenta anos, continua um intenso e profícuo trabalho em favor da divulgação do espiritismo.

Sarandi
Na ciranda da vida
Enéas Canhadas

Está obra tem o mérito de
relacionar e diferenciar as
diversas alternativas de
tratamento que se ajustam às inú-
meras possibilidades em que uma subperso-
nalidade pode se manifestar.As opções de
tratamento, para cada pessoa, diferem e
dependem também da capacidade e da in-
tuição do terapeuta em perceber as dife-
renças e as necessidades de cada momen-
to, sejam estas experiências da infânica,
adolescência, fase adulta ou até na repeti-
ção de ciclos de vivências passadas, po-
dendo atrair influências espirituais.

O Pretoriano
Christina Nunes

Uma história de Amor
que desafiou o tempo.

Um romance narrado na época da Roma Antiga, contando eventos vividos por um grupo de espíritos num contexto histórico e com personagens verídicos, expondo importantes tópicos do ensinamento da Doutrina Espírita.

Para pensar e analisar.

Impresso em off set

BOOK RJ
GRÁFICA & EDITORA

Rua. Clark, 136 - Moóca
03167-070 - São Paulo - SP
Fonefax: 6605-7344
E-MAIL - bookrj@terra.com.br

com filmes fornecidos pelo editor